AUG 1 8

¿Cómo se hace un libro?

Grace Hansen

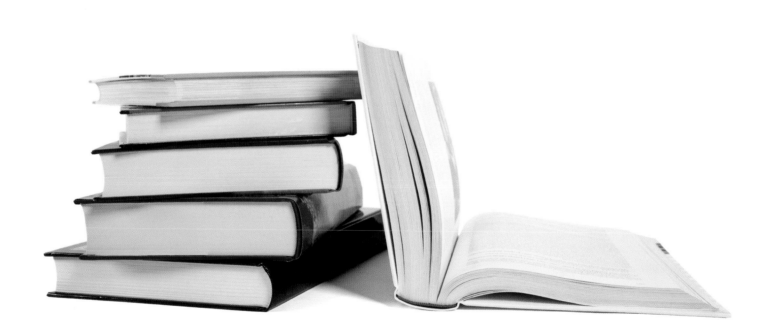

Abdo
¿CÓMO SE HACE?
Kids

abdopublishing.com

Published by Abdo Kids, a division of ABDO, P.O. Box 398166, Minneapolis, Minnesota 55439.

Copyright © 2018 by Abdo Consulting Group, Inc. International copyrights reserved in all countries. No part of this book may be reproduced in any form without written permission from the publisher.

Printed in the United States of America, North Mankato, Minnesota.

102017

012018

 THIS BOOK CONTAINS RECYCLED MATERIALS

Spanish Translator: Maria Puchol

Photo Credits: Corporate Graphics, iStock, Science Source, Shutterstock

Production Contributors: Teddy Borth, Jennie Forsberg, Grace Hansen

Design Contributors: Dorothy Toth, Laura Mitchell

Publisher's Cataloging in Publication Data

Names: Hansen, Grace, author.

Title: ¿Cómo se hace un libro? / by Grace Hansen.

Other titles: How is a book made?. Spanish

Description: Minneapolis, Minnesota : Abdo Kids, 2018. | Series: ¿Cómo se hace? |
      Includes online resources and index.

Identifiers: LCCN 2017945925 | ISBN 9781532106552 (lib.bdg.) | ISBN 9781532107658 (ebook)

Subjects: LCSH: Books--Juvenile literature. | Manufacturing processes--Juvenile literature. |
      Bookbinding--Juvenile literature. | Spanish language materials--Juvenile literature.

Classification: DDC 686--dc23

LC record available at https://lccn.loc.gov/2017945925

Contenido

Proceso de elaboración de un libro

Los libros pueden ser de muchas formas y tamaños. Diariamente se imprimen en todo el mundo muchos libros.

La mayoría de los libros se imprimen con la ayuda de máquinas. ¡Estas máquinas son grandes y ocupan mucho espacio!

Primero, el **manuscrito** tiene que ser aprobado para ser publicado. El manuscrito se **graba** en unas planchas grandes.

9

Las planchas se ponen en una **máquina de imprenta**. Se extiende tinta por las planchas. La tinta pasa entonces de las planchas al caucho y después al papel.

papel

caucho

Las hojas grandes se cortan en hojas más pequeñas. Después esas hojas pasan por la máquina de plegado. Cada sección del libro que se dobla se llama un pliego.

Los pliegos se mandan entonces a la máquina de encuadernación. Se ponen unos encima de otros en orden. Los pliegos pueden graparse, pegarse o incluso coserse.

Al estar las páginas dobladas, el libro no se puede abrir hasta que una gran cuchilla de metal corta los extremos doblados.

¡Ahora sólo queda poner las cubiertas! Las cubiertas se hacen en **máquinas de imprenta** largas. Cada sección de la impresora aplica un color diferente.

19

El producto final

Los libros pasan a la máquina **encuadernadora**. Esta máquina pone pegamento en el lomo de los libros. Así la cubierta y el libro quedan unidos.

Más datos

- Hoy en día la encuadernación la hacen las máquinas. Aunque todavía hay gente que encuaderna libros a mano, se llaman encuadernadores.

- Johannes Gutenberg fue un inventor alemán que en 1440 revolucionó la escritura para siempre. Inventó la **imprenta** con letras móviles de metal y de madera. Esto se continuó haciendo durante cientos de años.

- *Harry Potter y el legado maldito*, el séptimo y último libro de esta serie, salió a la venta con una primera tirada de 12 millones de copias. Ha sido la publicación inicial más grande en la historia.

Glosario

encuadernadora – máquina que une los libros con sus cubiertas.

grabar – cortar o tallar un texto o diseño en una superficie.

manuscrito – texto de un autor específico, que no se ha imprimido todavía.

máquinas de imprenta – máquina estampadora de textos o diseños.

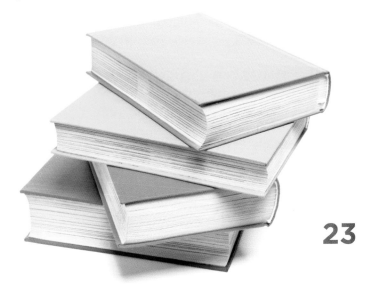

Índice

Abdo Kids
ONLINE
FREE! ONLINE MULTIMEDIA RESOURCES

¡Visita nuestra página abdokids.com y usa este código para tener acceso a juegos, manualidades, videos y mucho más!

Código Abdo Kids:
HHK0420